AF509750

CES DIABLES

DE

PARISIENS

PAR

CHAM

— Une tranche de jambon de Pâques
— Je suis père de quatre enfants ; laissez-moi, auparavan
aller embrasser ma famille.

PARIS

MICHEL LÉVY FRÈRES, LIBRAIRES ÉDITEURS
2 BIS, RUE VIVIENNE, ET BOULEVARD DES ITALIENS, 15
A LA LIBRAIRIE NOUVELLE

1868

Les haillons n'inspirant plus la pitié, depuis que, grâce à la grève des tailleurs, les gens riches sont en loques, tout comme les pauvres.

— Si elle pouvait donc durer, cette grève des tailleurs ! J'aurais bientôt plus d'habits à brosser.

— Pauvre bête ! Faut-il qu'il l'ait battue pour lui avoir fait venir une bosse pareille !

— Vous savez, la musique est défendue dans la cavalerie.
— Major, c'est du Wagner.
— C'est différent, vous pouvez continuer.

— Il ne vient pas pour moi... Il écoutait le piano de madame,... Pauvre cher homme ! on a supprimé la musique dans son régiment.

— Mon Dieu ! monsieur, vous voudrez bien m'excuser ; mais vous concevez, n'ayant pas l'honneur de vous connaître !...

— Sortez ! Les pierrots doivent être en habit noir et cravate blanche.

LE DÉPART POUR LE BAL DE L'HOTEL DE VILLE.
— Mon ami, je me décolleterai beaucoup. Cela fait qu'on regardera moins tes mollets.

A part. — Le malheureux ! Il veut que je l'accompagne à ce bal. Il ne sait pas tout le tort que je vais lui faire sans le vouloir.

— Ne te préoccupe donc pas de tes mollets ! Tes jambes ne paraissent pas : elles se confondent, comme grosseur, avec les bougies.

— Mon ami, surveille donc tes mollets !

— Comment, vous voilà encore ? Mais, avec la dernière vente au profit des pauvres, vous devriez avoir voiture !

— Mais, papa, je n'en jouis pas, de la Saint-Charlemagne : c ne contiens pas assez. Je voudrais être comme ce monsieur.
— Mon enfant, ce serait la ruine de l'enseignement.

— Dis donc, mon cher! Charlemagne est bien supérieur à Henri IV. L'un ne vous donnait que la poule au pot, tandis que l'autre vous paye des dindes truffées.

— Comment! vous, le grand Charlemagne! Qu'avez-vous fait de vos *Capitulaires?*
— Je viens de m'en servir pour les côtelettes en papillottes.

Filet, culotte, entre côtes, tout y est. Salut au droit de réunion!

*

La fashion parisienne peu empressée d'adopter la nouvelle coiffure proposée par M. Batty.

Plusieurs dentistes, munis de costumes de plongeurs, descendent au fond de la mer, limer les dents des requins et les mettre dans l'imposibilité de couper le câble transatlantique.

LA TRICHINOSE ET LA MALADIE DES BÊTES
A CORNES.

— Je me sens joliment malade !
— Et moi donc, égoïste !

Se réconciliant, en se voyant frappés tous deux par la même infortune.

Pas de feuilles au 20 mars ! Je viens d'y accrocher mon journal, pour lui sauver l'honneur.

Ne voulant pas survivre à sa défaite, Mlle Thérésa veut s'empoisonner en avalant un rafraîchissement dans un café-concert.

— Tu es bien maigre, mon ami !
— Hélas ! on a fermé la maison de Clichy ; mes créanciers ne me nourrissent plus.

SOUVENIRS ET REGRETS.

— C'était vers cette heure-ci que nous dinions, tandis qu'aujourd'hui je ne sais pas si je dinerai du tout !

— Pas de chance! Il a passé sous mes fenêtres, il a vu
mes drapeaux, et je n'ai pas le Medjidié.

— Ah! mon ami, s'être joué ainsi de mes illusions,..
un faux-col!

PARIS DANS L'ÉTÉ DE 1867.

— Ils sont vraiment bien bons, tous ces Turcs, de me
tolérer à Paris, avec un chapeau rond.

Il n'y a plus à se gêner! il est parti!

Ce farceur de Neptune voyant arriver, pour la troisième fois, le câble transatlantique dans ses États.

— Le maître armurier de chez nous ne veut pas entendre parler du fusil à aiguille, à cause qu'il est mal avec le maître tailleur, que ça rentrerait dans sa compétence.

— Mon ami, ne causons pas à l'Exposition. Nous n'aurions qu'à faire une faute de français: nous aurions les dix mille instituteurs primaires sur le dos!

— Vos baigneurs ne viennent donc pas?
— C't'année, les Parisiens ne se lavent pas : l'Exposition les occupe exclusivement.

UN ABONNÉ INDISCRET.

— Monsieur, vous avez là les œuvres complètes de Balzac, auxquelles vous donne droit votre abonnement à *l'Univers illustré*.

— Ne pourriez-vous me donner avec cela la fameuse canne de Balzac, à pomme d'or?

— N'y a plus de souverains!

— Vous ne pourriez pas vous en procurer un petit quel que part? Ma femme et moi, nous sommes encore à Paris pour quelques jours.

LE NOUVEAU RÉGLEMENT UNIVERSITAIRE.

Les lycéens disséminés, les uns aux Pyrénées, les autres à Nice, suivant leur état de santé, les professeurs leur feront la classe par la télégraphie électrique.

— Qu'est-ce que vous avez donc à pleurer, l'écaillère?

— Mes pauvres huîtres qui sont malades!

— Ça va faire de la peine à bien du monde! On les aimait tant!

— Voici mes cinquante centimes.
— Bravo! Vous êtes voltairien?
— Je suis tapissier. Voltaire, c'est un fauteuil.

Si Marc-Antoine avait pu s'en douter, quel beau fusil il se serait payé avec l'aiguille de Cléopâtre!

— Dire qu'ils font des vœux pour la paix! Faut-il qu'il y ait des gens qu'ont des goûts pervers!

CAMP DE CHALONS.

— C'est comme ça que tu trempes not' soupe?
— Pas besoin de m'en occuper! De ce temps-là, elle se trempe toute seule.

— Désolé, ma vieille! mais, à deux, nous serions trop serrés.

— Et ma famille qui m'écrit qu'elle va venir me voir, et qu'au lieu de descendre à l'hôtel, elle descendra de préférence chez moi!

— Pourquoi que t'as pas choisi la timbale?
— Les verres vides me font horreur!

GUIDE DE L'ÉTRANGER A PARIS.

15 août. — Monter au mât de cocagne pour y jouir d'un coup d'œil exceptionnel.

M. Nadar ne sachant plus où poser le pied pour descendre,
tant il y a de monde à Paris.

— Tapins! voulez-vous baisser la tête tout de suite! En
fait de géant, vous ne devez regarder que moi.

M. Ruggieri ayant vainement sollicité de faire sauter l'Arc
de Triomphe pour donner plus de corps à son bouquet.
L'artificier répondait pourtant de son effet.

LE CHRONIQUEUR EN VILLÉGIATURE.
— Comment! pas de crimes, pas de scandales dans ce
pays-ci! Mais vous voulez donc que les chroniqueurs parisiens n'y trouvent rien à se mettre sous la dent? C'est dé-
goûtant, ma parole d'honneur!

Nouveaux paniers de champagne-roussillon, dits pour les courses.

Nouvelle manière de lester les jockeys qui n'ont pas le poids réglementaire.

— Dites donc, eh! là-bas! est-ce que vous n'avez pas bientôt fini de prendre vos vacances? J'ai envie de sortir aussi, moi.

— Saperlotte! il a tant plu dans mon canon de fusil, qu'au lieu de lui envoyer la mort, je lui administre un remède.

— Faites bien attention à ce passage. Votre canon doit tirer *piano*, *piano!* Vous placerez votre main devant le canon pour amortir le son.

Les musiciens travaillant désormais à leurs pièces, comme les ébénistes.

Bien incommode pour lui accrocher sa médaille.

CONCOURS DES MUSIQUES MILITAIRES EUROPÉENNES.
La France en face l'étranger.

— Qui vive ?
— Trichine !
— Passez au large !

— Vos maîtres sont malades, qu'ils m'ont envoyé chercher?
— Non, docteur, on vous a fait venir pour ce jambon que nous avons acheté à la foire. Il est peut-être malade !

— Vous avez la trichinose !
— Ah! mon Dieu! Comment me traiterez-vous, docteur?
— Parbleu ! comme un cochon !

CLICHY. — Imprimerie de Maurice Loignon et Cie, rue du Bac-d'Asnières, 12.